LE PRÉCEPTEUR

EN DÉFAUT,

OU

RÉPONSE A MONSIEUR M. J.,

auteur du *Commentaire* sur mon *Pierre au Sermon*.

~~~~~~~~~~

DENIS-CLAUDE BARBIER.

PRIX : 40 centimes.

SE VEND

Au Mans, chez l'AUTEUR, rue de la Comédie, N.° 10.

A Angers, chez HÉNAULT, libraire, place du Lion-d'Or, N.° 37.

A Laval, chez HUGUERAULT, libraire, Grande-Rue.

~~~~~~~~~~

AVRIL, 1818.

DE L'IMPRIMERIE DE RENAUDIN, RUE DES TROIS-SONNETTES.

RÉPONSE

A MONSIEUR M. J.,

AUTEUR DU COMMENTAIRE SUR MON PIERRE AU SERMON.

Sunt verba et voces, præterea que nihil.

Un profond sentiment de mépris, joint à quelques considérations particulières qu'il serait oiseux de révéler au public, m'avait détourné du dessein conçu d'abord de répondre au commentateur de mon *Pierre au Sermon*. Peut-être aurais-je encore quelque raison de me maintenir dans le même silence; mais l'arrogance avec laquelle notre digne champion du grand ordre de l'éteignoir vient de proclamer ma défaite, les airs vraiment superbes qu'il se donne dans le délire de son imagination malade, en affectant de marcher sur les cadavres épars des Comte, des Dunoyer, des Crevel, des Scheffer, et autres publicistes fameux qui survivront à leurs cendres, me font un devoir de descendre dans l'arène pour me mesurer corps à corps avec lui.

3

Je m'avance avec le noble orgueil d'un guerrier fran-çais. *Honneur et Patrie!* voilà ma devise : mon chiffre est sur mon bouclier. Eh bien donc.........? Mon œil parcourt l'étendue de la carrière sans pouvoir découvrir l'insolent adversaire qui vient de me jeter le gant...... Où êtes-vous, monsieur M. J.? Doit-on donc vous compter parmi ces fanfarons qui, se montrant sur les champs de bataille devenus déserts, ne s'escriment qu'à fatiguer de leurs vociférations l'écho des combats? ou plutôt, n'attendez-vous pas à l'embuscade les courageux zélateurs de nos libertés publiques, qui s'acheminent inconsidérément vers l'autel de la patrie avant que vous ayez pu les dégrossir un peu? J'y suis : j'entends déjà dans les airs le sifflement de vos traits empoisonnés, sans plus appercevoir la main qui les décoche. Fidèle imitateur de ces preux dont vous plaidez la cause avec une sainte chaleur, vous voulez immortaliser votre nom dans les annales des grandes routes de la république des lettres.

En me présentant à découvert sous le feu masqué de vos batteries, je ne ferais évidemment que donner l'exemple d'une étourderie digne de pitié, si l'on devait juger, par leur bruit, de la puissance de vos armes. Ce serait bien à moi, misérable recrue, qu'il appartiendrait d'attaquer votre fort, si son commandant savait charger à mitraille comme il s'est montré habile à me tirer à poudre; si la science des manœuvres secondait à propos la noirceur de sa haîne; si, en un mot, monsieur M. J., vous étiez français par le cœur.

Mais mon œil démêle avec assez de discernement le fond des choses; ma lunette me démontre, sans illusion, la mesure de forces que vous avez amassées sur votre point d'attaques. Pour vous en convaincre, je veux vous définir tel que je vous entrevois. Soldat efféminé, vous brillez de l'éclat de votre armure chargée de métaux étincelans; vos vêtemens répandent partout l'ambroisie. La délicatesse de vos traits, les roses de votre teint, l'ordre de votre chevelure vous assurent le prix de la beauté parmi les jouvenceaux, compagnons de votre gloire; le gracieux sourire des dames de vos pensées, qui doivent former autour de vous une cour aussi nombreuse que brillante. (1) Il me semble voir les doigts ingénieux des gentilles pastourelles que vous avez rangées sous vos lois, occupés à tresser la couronne de fleurs qui doit, au sortir de la lutte, orner votre front souillé de sueur et de poussière. Heureux fripon, vous savez vous énorgueillir de ces douces faveurs : c'est la voie la plus sûre pour arriver à des faveurs nouvelles. Assis sur leurs girons,

---

(1) Monsieur M. J., dans ses commentaires, me menace à chaque instant du ressentiment des dames du Mans. S'il entend parler d'autres femmes que celles qui, se renfermant dans le cercle de leurs attributions, ne laissent corrompre la douceur de leur naturel ni par l'esprit de cotterie, ni par les fumées du bel-esprit, j'appelle sur moi leurs clameurs,

(36)

continuez de lancer sur moi vos pointilleuses railleries ;
ce sont autant de traits aigus que vous enfoncez dans
leurs sensibles cœurs. Promettez de persévérer, et je
vous prédis avec assurance que la faiblesse qu'elles se
sentent pour vous se convertira bientôt en un fréné-
tique engouement.

Serait-il messéant à vous de convoiter désormais
quelqu'autre récompense ! Que vous me disputiez, par
exemple, le prix de la vaillance et de l'à-plomb, vous
allez voir s'évanouir à l'instant le fruit précieux de vos
travaux ; vous allez attirer sur vous le courroux de
votre aréopage. Ces jolies bouches qui publient vos
triomphes, ne vont plus s'ouvrir que pour vous cou-
vrir d'un éternel mépris.

Ayez garde, je vous en conjure, de commettre une
si lourde bévue ; elle ne serait excusable que chez un
homme à dégrossir, comme moi. Lorsque vous m'ap-
percevrez couvert de cette pesante cuirasse, qui n'a
d'autre mérite que celui de sa trempe ; que vous serez
justement indigné de l'âpreté de mes manières, qui ne
valent qu'en ce qu'elles expriment la loyauté d'un patriote français ; lorsque, dis-je, mes rudes accens, qui
ne sont autre chose que le gothique langage de la vérité,
vous déchireront le tympan, ne laissez pas, monsieur
M. J., que de vous tenir chaudement couvert ; criez
fort derrière vous : Fi ! l'horreur !........ Murmurez, en
vous pinçant les lèvres, le petit mot pour rire ; vos
dames claqueront, et vous serez vainqueur.

Cependant l'heure de la récréation tire à sa fin. Un dernier mot, et je reprends la première leçon de logique et de bon sens que vous avez eu la générosité de m'administrer, pour la répéter à haute voix devant mon très-honoré maître, accompagnée de quelques réflexions qui se sont moulées dans mon cerveau par forme de licence.

Quelque soin que vous ayez pris de jeter sur vous le voilé de l'anonime, vous n'avez pas usé d'assez d'adresse pour me cacher le petit-collet. Avouez, avec cette noble franchise qui doit distinguer un professeur de logique, qu'avant que le hasard vous eut porté mes brochures, vous connaissiez à point nommé les circonstances qui ont suspendu la marche de mon éducation. J'en ai pour garans les raisons particulières que vous me présumez de ne pas aimer ces bons petits abbés qui ont quitté le repos et la retraite, pour se répandre en flibustiers dans la fidèle Vendée. C'est ici l'occasion d'affirmer que je ne me connais contr'eux aucun secret motif de haîne, malgré que je me sois trouvé à même d'étudier de près la turpitude de leurs mœurs domestiques. Je dis de près; car, en exécution d'un arrêté de conseil de famille, on m'envoya au milieu de ces belliqueux tonsurés chercher du latin. Quelques efforts qu'ils fissent pour me persuader que j'étais un des leurs, je ne pus me familiariser avec cette idée. C'est ce qui fut cause que, par un beau jour, j'escaladai les murs du sacré collége, lorsque je ne faisais qu'arriver sous la férule d'un grand cuistre que l'on m'avait donné pour professeur de troisième. Je n'ai revu depuis ni le maître, ni ses auteurs : d'où il faut conclure que, de ce côté-là, mon éducation doit être regardée comme tout-à-fait manquée.

Vous voyez que si j'ai été à la recherche des bases sur lesquelles vous avez posé votre jugement, ce n'était pas pour vous contester cette cruelle vérité consignée dans votre commentaire. Seulement, j'aimerais à me retrouver en pays de connaissance avec monsieur M. J., qui, je crois, avait une chaire de professeur dans le même séminaire où je figurais comme apprenti latiniste.

Il est donc bien avéré, monsieur, que mon éducation est manquée. Mais, le remède n'est-il pas à côté du mal ? Celui qui ne sait pas une science, l'apprend. Je parierais être plutôt sorti des bancs que vous ne serez rentré dans les règles de la saine raison. Je suis jeune, et exempt de cette sotte présomption qui me ferait abandonner à mes propres forces. Vous, au contraire, vous êtes vieilli dans vos erreurs ; vous avez, de dessein formé, perverti votre jugement ; vous avez pris la théologie pour la logique ; vous vous êtes dégradé au point de chercher des raisons pour vous prouver que vous devriez chérir des fers qui vous seraient imposés par une main légitime. Il est vrai, qu'en homme habile, vous en déverseriez adroitement le fardeau sur quelques malheureux dont vous voudriez, de toute force, perpétuer l'ignorance. Que vous trouveriez le secret d'échanger votre condition de serf en celle de gentillâtre : ce serait fort bien fait à vous. Il serait à souhaiter, pour votre intérêt propre, que les choses pussent aller ainsi. Mais, hélas! la lumière jaillit de toutes parts; elle jaillit pour apprendre aux hommes qu'ils n'ont qu'à perdre dans la servitude; que quand il n'y a plus ou presque plus d'esclaves volontaires, il n'y a plus d'esclaves forcés; quand il n'y a plus ou presque plus de dupes des M. J., il n'y a plus de despotes.

La juste indignation que font naître la bassesse de votre caractère et le vice de votre logique, ne saurait étouffer l'admiration que commande votre séduisante érudition. On découvre, à regret, sous le brillant coloris de votre style, et la dégoûtante platitude d'un valet, et le fiel d'un méchant abbé, et le pédantisme d'un bachelier, et la grossièreté d'un fier-à-bras.

Je lis dans votre leçon de logique et de bon sens que la raison recommande de ne point mentir, d'être franc, droit et sincère. A ce compte, je me crois, sans vanité, mon docte précepteur, plus raisonnable que vous dans tout ce que j'écris. J'en prends pour juge le public; qu'il dise lequel des deux donne des invectives et des mensonges pour des raisons, ou des raisons pour des mensonges et des invectives.

« C'est donc définitivement vous (j'étudie) qui êtes
» chargé de la tâche honorable d'instruire nos bonnes
» gens, de veiller à ce qu'on ne porte pas atteinte à

» leurs droits, de les avertir soigneusement des projets
» qu'on pourrait former contr'eux, et sur-tout de
» combattre, avec un zèle infatigable, les deux plus
» grands ennemis du peuple, la tyrannie des rois et le
» fanatisme des prêtres : c'était, comme tout le monde
» sait, l'emploi qu'occupait si dignement le célèbre
» Bazin, que la mort, hélas! a si cruellement enlevé
» au milieu de ses utiles travaux. Votre mérite vous a
» sans doute fait porter par ses nombreux amis à la
» dignité de son successeur; car, je présume que par
» humilité vous n'auriez pas voulu monter de vous-
» même à ce poste éminent, et prendre sur vous la
» responsabilité d'une telle entreprise. »

Ce ne sont point les nombreux amis du célèbre
Bazin qui m'ont porté à la dignité de son successeur;
j'y suis monté de mon propre mouvement, sans qu'il
soit jamais venu à ma pensée que ce fut pécher contre
l'humilité. Depuis quand faut-il donc représenter la
même mesure d'adresse et d'expérience pour se mettre
à la place d'un brave tombé dans la mêlée? L'art est
nécessaire pour habiller des riens : il n'est besoin que
de courage et de droiture pour dire la vérité. Me demanderont-ils si je suis un logicien, mes concitoyens,
si je leur offre pour sauve-garde de leurs libertés le
sacrifice de la mienne? si je les avertis de se tenir en
garde contre les administrateurs impérites, toujours
tentés d'abuser du pouvoir? si je leur dis que nous
avons au milieu de nous de zélés missionnaires qui ne

respectent ni le repos des vivans, ni la cendre des morts ? Me demanderont-ils si je suis logicien, mes compatriotes, quand je leur tiens à peu près ce langage : Il n'y a rien de fait tant qu'il reste quelque chose à faire. Nous avons étonné l'Europe par le succès de nos armes; nous devons l'étonner encore par la fierté de notre attitude, par notre dignité nationale. Le moment est venu pour les peuples, de plaider, à la face du ciel, la cause sacrée de leurs droits, celles de la vérité, de la justice et de la raison. Soyez attentifs à la voix des mandataires de la nation. Vous n'avez qu'à vous relever et regarder en face les fourbes qui marchent sur vos têtes, pour qu'ils soient démasqués. Que faites-vous, lorsque vous devriez être sur le rivage et suivre d'un œil inquiet le vaisseau de l'état, dépositaire de vos libertés? Lorsque vous devriez, par des cris d'allégresse ou de désespoir, encourager ou blâmer l'équipage chargé de le conduire à travers les écueils, que faites-vous? vous vous amusez niaisement à brûler des cierges et planter des croix! Est-ce donc là, se dirait l'étranger qui viendrait parmi nous, cette France, la pépinière des sages et des braves? Celui qui irait chercher l'ancienne Rome dans la Rome nouvelle, le palais des Césars dans le palais de Pie VII, éprouverait-il un autre étonnement? Français, vous avez dans votre courage et vos lois assez de garanties de votre repos et de votre félicité publique. Étudiez vos lois et nourrissez votre courage. Craignez de vous énerver dans un lâche repos, car l'arrêt éternel en est porté : Un peuple qui s'endort se réveille esclave.

Quand bien même votre logique, que je ne crois pas être la véritable, désavouerait de semblables discours, ils n'en seraient pas moins entendus et préférés à vos insolentes diatribes : on ferait grace à mon ignorance, en faveur de ma loyauté. Qu'un Sarthois plus éclairé s'avance sur les traces de la victime, je me ferai gloire de me retirer à son approche. Ce serait, sans contredit, à vous, monsieur M. J., qu'appartiendrait cette tâche, s'il était permis de ressusciter le vertueux Bazin dans les défilés où vous vous tenez comme un malfaiteur, s'il se trouvait un patriote assez étourdi pour vous confier sa défense.

Vous ne faites que mâcher à vide d'un bout à l'autre de votre plat commentaire. Quelque emphase que vous mettiez à me répéter à tout bout de champ que vous me faites perdre les arçons, je n'y trouve pas la moindre allégation qui vaille. Poursuivons, pour mieux nous en convaincre.

« Je pourrais commencer par votre épigraphe, et je
» vous ferais observer combien il était inconvenant
» d'aller prendre ce texte dans Boulanger, auteur si
» digne de l'oubli dans lequel il est enseveli, et d'où
» vous ne le releverez pas. »

Vous ne faites de quartier à rien, pas même à mon épigraphe. Cette particularité est remarquable dans l'histoire des critiques : Geoffroy, votre devancier, ne procédait pas mieux de son vivant.

Je ris tout bas de vos airs de suffisance, lorsque vous enveloppez dans un éternel oubli les Boulanger, les Helvétius et consorts. Ne serait-on pas tenté de croire que vous auriez mis la main au mandement des vicaires-généraux, à l'occasion de la nouvelle édition dès Œuvres complètes de Voltaire et de Rousseau ? N'est-ce pas que ces génies importuns ont apporté bien du mécompte dans vos affaires et celles des théologiens, gens de votre robe ? Ils y en apporteront encore ; car, à mesure qu'ils se traduisent en langue vulgaire, le public se passionne davantage pour ce genre de lectures. Courage, ô mes compatriotes ! contre les autels élevés à la superstition, par les âges d'ignorance et de barbarie, dressez les autels de la philosophie. Les prêtres font le catéchisme aux enfans : les philosophes enseignent la sagesse aux hommes.

« Je vous défie, disait Voltaire, de me montrer un
» seul philosophe qui ait jamais excité une sédition,
» qui ait trempé dans un attentat contre la vie des *rois*,
» qui ait troublé la société ; et, malheureusement, je
» vous trouverai mille superstitieux, depuis Aod jus-
» qu'à Kosinski, teints du sang des rois et de celui des
» peuples. La superstition met le monde entier en
» flammes : la philosophie les éteint. Peut-être ces
» pauvres philosophes ne sont-ils pas assez dévôts à la

» sainte Vierge; mais ils le sont à Dieu, à la raison, à
» l'humanité.

» Je vous montrerais tout le ridicule du tableau que
» vous faites de la curiosité. »

Vous n'entendez pas raillerie, monsieur M. J. Ce ton
ne convient guères, il est vrai, à un élève en logique.
Mais, pouvais-je deviner les intentions que vous aviez
sur moi?

« Croyez-vous, de bonne foi, vous faire passer pour
» un homme de génie, en vous moquant hardiment
» de la vie future, des peines de l'enfer et des autres
» vérités qu'on nous a enseignées dans notre enfance;
» qu'on nous prêchait avant que les missionnaires fus-
» sent ici, qu'on nous prêchera encore après, que le
» monde a crues et qu'il croira, à moins que vous ne
» le désabusiez? »

Parmi tous les martyrs de la superstition, l'antiquité
ne compte pas un seul grand homme, un sage. D'où
vient cela? c'est que la crainte n'a jamais pu faire la
vertu.

J'écoutais comme un autre, dans mon enfance, ces
contes de ma mère l'Oie que me débitait une nourrice
bavarde. Cette fantasmagorie du christianisme troublait
mon imagination naissante. Mais à mesure que mon
intelligence s'est développée, je me suis rendu meilleur
compte de ma destination. Frappé d'un religieux étonnement à la vue de ce monde de prodiges qu'arrangea
avec munificence une volonté suprême, je descendis en

moi-même; et je bénis dans un délicieux recueillement
la main qui créa l'homme roi de ce superbe univers,
qui grava dans mon cœur les règles immuables d'une
morale divine, non ces doctrines dégradantes et bi-
zarres qu'enseignent des humains. Et j'entendis avec
orgueil ce cri de ma conscience : Sois bon, si tu veux
être heureux. Et mon âme s'élançant d'elle-même vers
un Dieu créateur, et toujours invisible, acheva de me
révéler la dignité de mon être. Mettant alors à mes
pieds le bandeau de la superstition : Si la Divinité, me
dis-je à moi-même, se fut promis de mon organisation
autre chose que ma propre félicité, elle eût mis entre
elle et moi des rapports immédiats; elle se fut rendue
accessible à mes sens. Si elle eût voulu que je l'honorasse
par d'autres pratiques que celles de la vertu, de la
justice et de l'humanité, elle m'eût donné l'instinct
d'un autre culte. C'est pour moi-même qu'elle m'a
formé. Plus je m'efforcerai de lui ressembler, en ce que
le peut la faiblesse humaine, moins je serai éloigné
d'être heureux, et plus par conséquent je remplirai la
fin qu'elle s'est proposée. Quand il me donne la nature
pour trône, la soif du bonheur pour prérogative;
quand il m'entoure de ses dons, ai-je besoin qu'on me
prêche que je dois aimer un Dieu? Mais aussi, lors-
qu'il n'a versé sur moi que les trésors de sa grace,
puis-je craindre sa colère? Serais-je assez ingrat pour
prétendre, par des blasphêmes, fléchir ses passions, à
lui que j'adore comme infiniment parfait?

Ma raison me révèle l'existence d'un Dieu ; ma raison désavoue les fables des mortels assez extravagans pour vouloir le comprendre. Je vois, dans cette folle recherche, mille opinions diverses. La vérité est une : d'où vient cette divergence ? Qu'ils vendent, comme ils le pourront, les dégoûtans hors-d'œuvre de leurs cerveaux malades ; mais qu'ils n'espèrent pas m'avoir jamais pour dupe. Que dans leurs ingénieuses inspirations ils créent des purgatoires, d'où ils délivrent bientôt après les âmes...... Dieu sait à quel prix ; mais qu'ils ne prétendent pas me faire craindre un Dieu souverainement bienfaisant. « Il n'existera aucune morale, aucune » vertu dans la société tant que l'homme saura les » moyens de se laver du crime par des pratiques, par » de l'argent. »

Tant que l'homme se saura les moyens de se laver du crime par de l'argent ou de frivoles pratiques, il n'existera aucune morale, aucune vertu dans la société.

« Mais, dites-moi, avez-vous entendu prêcher que, » pour obtenir la rémission de ses péchés, il fallut » donner de l'argent ? Vous en a-t-on demandé quel » quefois, sous peine de vous refuser l'absolution ? Je » n'ai jamais ouï dire qu'on en exigeât, ni même » qu'on en parlât, et vous ne devez pas l'avancer » sans preuves. »

Si je n'avais constamment devant les yeux votre imposant bonnet de docteur de l'église, je prendrais pour une ironie le défi que vous me portez, et, sans autre réponse, j'en rirais dans ma barbe. *Avez-vous entendu prêcher que, pour obtenir la rémission de ses péchés il fallut donner de l'argent ?*....... Eh ! qui n'a pas entendu parler du tarif de Léon X, et des scandaleux abus qui lui donnèrent le jour ? Qui de nous ignore que les immenses soustractions du clergé le rendaient, avant la révolution, propriétaire de presque la moitié de la France ? Pensez-vous nous donner le change, en professant de nos jours que vous n'en voulez qu'aux âmes ? Mais, selon moi, de l'âme à la bourse il n'y a pour vous qu'un saut. Qu'on vous donne du pouvoir, et l'on aura bientôt la triste expérience du parti merveilleux que vous en savez tirer. Il faut bien dresser les rôles avant de commencer à percevoir l'impôt.

Si néanmoins je voulais dès à présent parler de ces entrepôts de reliques que traînent les missionnaires à leur suite, et qu'ils font ouvrir à leur bénéfice par des colporteurs étrangers ; de cette multitude de mendians également étrangers qui naissent sous leurs pas ; (1) des entraves qu'ils apportent dans les rapports les plus utiles de la société, je prouverais évidemment que nous n'en avons pas si bon marché. J'entendais, il y a quelques jours, un négociant recommandable de Laval dire

---

(1) Monsieur M. J. ne manquera pas d'induire que mon cœur est inaccessible aux cris de l'humanité souffrante. Il se trompera. Je ne connais point de plaisir plus parfait que celui de secourir un malheureux. Mais j'ai toujours regardé comme un délit politique d'autoriser la gueuserie.

qu'il prendrait bien sur lui d'assurer, au nom du commerce de cette ville, une rente annuelle de cent mille francs à la caisse de notre département, si nous voulions, à notre tour, auberger les jésuites. N'ai-je pas raison d'avancer que, plus le corps politique tombe dans l'état d'affaissement, plus les exécrables sangsues acharnées à sa ruine, se multiplient sur les restes de son sang.

Je vais finir avec les missionnaires, en proposant à l'un d'eux cette parabole que chacun expliquera comme il l'entendra. On vante encore de nos jours la dextérité de Lesage, qui, d'un revers de main, vous enlève les toits l'un après l'autre pour promener ses regards dans l'intérieur des ménages. Pauvre ruse que celle-là ! Ils étaient bien autrement exercés ces pères de l'église, qui établirent le tribunal de la pénitence pour s'ingérer dans le secret des familles.

« Il est bon aussi de vous observer qu'il n'est pas
» très-conforme à la raison, ni même à la prudence,
» de représenter comme des crimes les efforts par les-
» quels la Vendée et les autres insurgés que vous appe-
» lez chouans, tâchèrent de contribuer, lors de la der-
» nière usurpation, au retour du roi légitime sur son
» trône. »

C'est au nom de Dieu, impies, c'est au nom du roi que vous avez fait couler à flots une mer de sang français! C'est vers votre Dieu, c'est vers votre roi que vous osez élever vos mains teintes du sang de vos frères, comme s'ils allaient agréer vos offrandes, comme s'ils pouvaient être les complices de vos forfaits! Je plains le malheureux que son ignorance égare dans de fausses routes; c'est un arbre sauvage qui ne donne que des fruits amers, jusqu'à ce qu'une main habile ente sur lui le germe des lumières. Je le plains; mais le fourbe qui l'égare, mais le fanatique qui le gouverne, je l'abhorre de toute la force de mon âme. L'ignorance et l'égarement des chouans passeront; le souvenir des furieux qui ont ensanglanté la Vendée ne passera jamais.

« Contre quelles lois, je vous en prie, péchèrent ces
» jeunes abbés qui, par amour du roi et de la patrie,
» eurent le courage de quitter la retraite et le repos
» pour prendre les armes? »

Ces pauvres abbés, qu'il faudrait être méchant pour contrôler leurs innocentes prouesses! Ah! loin de moi cette pensée. Je leur offre pour modèle de conduite l'exemple d'un doux pasteur dont voici l'histoire:

(1) Les chouans venaient de se rendre maîtres d'une petite ville de l'ouest. Tout avait pris la fuite à leur approche. Il ne restait çà et là que des femmes éplorées et quelques vieillards infirmes. Un patriote, homme obscur, touchant à sa fin, se tenait au fond de son triste

____

(1) Si monsieur M. J., selon sa louable coutume, m'accusait de mensonge, je pourrais m'appuyer du témoignage de deux cents personnes dignes de foi.

réduit, sous les yeux de sa garde-malade. Sentant que la vie allait lui échapper, il pria cette femme compatissante de révéler à un prêtre du lieu le secret de sa retraite, afin qu'il lui administrât les secours de son ministère. Le serviteur de Jésus-Christ ne se fit pas attendre ; il prépara le moribond avec les démonstrations d'un zèle évangélique ; puis............, tandis qu'il donnait à baiser d'une main un crucifix qu'il avait apporté, il tira de l'autre un poignard qu'il enfonça dans le cœur de son pénitent. Admirez, jeunes abbés.

« *Je ne veux plus vous dire qu'un mot. Vous aimez la*
» *charte, à ce qu'il paraît ; soit, il n'y a point de mal à*
» *cela, nous l'aimons aussi.* Mais, selon vous, le roi
» tient sa souveraineté du peuple (1), et il s'est avisé
» d'octroyer la charte, de l'accorder à la France comme
» un effet de sa volonté, de sa puissance. A ce titre,
» vous devez la rejeter : ce n'était pas au roi, mais
» aux Français à l'octroyer, à la concéder, puisque
» tout pouvoir vient d'eux. Dire que le roi tient sa
» souveraineté du peuple, et qu'il cède au peuple des
» droits qu'il n'avait point avant le roi, c'est ce qu'on
» appelle une contradiction. »

Vous parlez, avec la même irrévérence, des peuples

____

(1) J'avais composé sur cette proposition, le roi tient sa souveraineté du peuple qu'il gouverne, un morceau assez étendu qui devait trouver ici sa place. Je l'ai supprimé, non par crainte, mais pour éviter à monsieur M. J. l'inutile embarras de fouiller des codes. Je le publierai dans une autre occasion.

et des individus. Cette conduite devrait elle être celle d'un maître logicien? Votre oreille est trop délicate, à ce qu'il paraît, pour entendre la vérité. Vous êtes au supplice : c'est votre faute aussi. Où diable les M. J. vont-ils se nicher dans un gouvernement représentatif?

La bonne nature a fait seule jusqu'à ce jour les frais de mon éducation; ses leçons, ne vous déplaise, me paraissent encore plus sages que les vôtres. Souffrez donc que je me tienne près d'elle jusqu'à ce que j'aie rencontré un précepteur plus expérimenté. Celui dont, indépendamment des définitions, le jugement est le plus exact, le sens le mieux exercé, est seul digne, d'après elle, d'enseigner la raison aux autres. Je laisse à juger si vous êtes cet homme là.

Denis-Claude BARBIER.

P. S. Je ne dis rien de votre second paquet, portant en suscription : *Avis au public*, quoiqu'il renferme contre moi les calomnies les plus atroces. C'est contre le *Propagateur* que se dirigent principalement ses attaques. Je laisse en ce moment à M. Goyet, son seul rédacteur, le soin d'en obtenir justice.